ពណ៌នៃធម្មជាតិ

ដោយ និង គូរូបដោយ
Bulbul Sharma

Library For All Ltd.

ពណ៌នៃនធម្មជាតិ

កំណែនេះត្រូវបានបោះពុម្ពផ្សាយនៅ 2022

បានបោះពុម្ពផ្សាយដោយ Library For All Ltd
អ៊ីម៉េល៖ info@libraryforall.org
URL: libraryforall.org

The Asia Foundation

ការងារនេះគឺជាកំណែដែលបានកែប្រែនៃសាច់រឿងដើម, ©The Asia Foundation ។
បានបញ្ចេញក្រោម CC BY 4.0 ។

រូបភាពដើមដោយ និង Bulbul Sharma

ពណ៌នៃនធម្មជាតិ
Sharma, Bulbul
ISBN: 978-1-922835-96-3
SKU2774

ពណ៌នៃធម្មជាតិ

ខ្ញុំឃើញមេអំបៅពណ៌ខៀវបក់
ស្លាបហើរទៅ។

ខ្ញុំឃើញញ្ញុំពណ៌លឿងផឹកតែក្នុងពែង។

ខ្ញុំឃើញត្រីពណ៌ក្រហមនៅ
លើចាន។

ខ្ញុំឃើញកញ្ចាញ់ចេកពណ៌
បែតងលេងជាមួយផ្ទៃ។

ខ្ញុំឃើញទាពណ៌ទឹកក្រូច
ជូនពរខ្ញុំឱ្យមានសំណាងល្អ។

ខ្ញុំឃើញផ្កាពណ៌ស្វាយរាំជាមួយដង្កូវ។

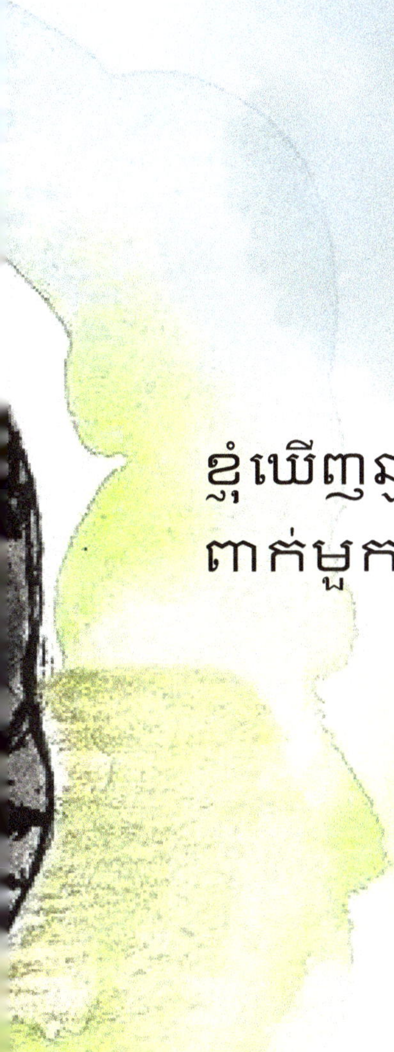

ខ្ញុំឃើញឆ្មាពណ៌ខ្មៅប្រផេះ
ពាក់មួកពណ៌ទឹកក្រូច។

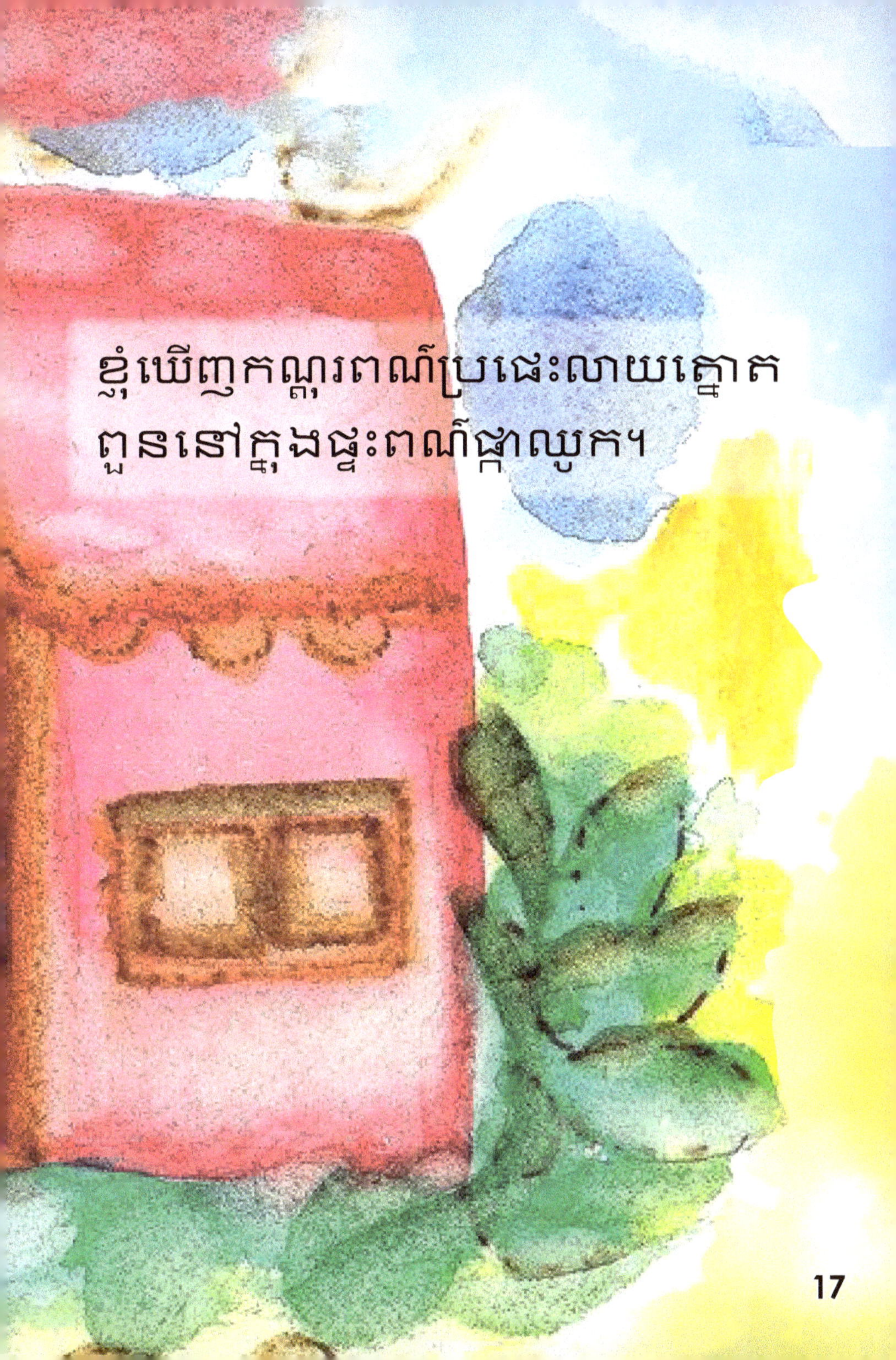

ខ្ញុំឃើញកណ្ដុរពណ៌ប្រផេះលាយត្នោត
ពួននៅក្នុងផ្ទះពណ៌ផ្កាឈូក។

ខ្ញុំឃើញកញ្ជ្រោងពណ៌ក្រហមលាយខ្មៅ ពាក់ស្រោមជើងពណ៌ស្វាយ។

ខ្ញុំឃើញកណ្តូបពណ៌បៃតង
អានកាសែតពណ៌ខៀវ។

ខ្ញុំឃើញពពែពណ៌ខ្មៅលាយ
ពណ៌ស្វាយថែរទូកពណ៌ក្រហម។

24

ខ្ញុំឃើញក្រពើពណ៌ក្ដោត
លាយបៃតងសើចដាក់ខ្ញុំ។

ខ្ញុំឃើញពស់ពណ៌ក្រហមលាយខ្មៅ
ស៊ីនំខេក។

ខ្ញុំឃើញមេមាន់
ពណ៌លឿងលាយ
ក្រហម ប្រើបឹក
សរសេរអក្សរ។

ខ្ញុំឃើញខ្លាពណ៌ខ្មៅលាយទឹកក្រូច
ឈរនៅក្នុងទឹក។

ខ្ញុំមើលឃើញពណ៌ទាំងអស់ដោយភ្នែក ពណ៌ខ្មៅទាំងគូរបស់ខ្ញុំ។

អ្នកអាចប្រើសំណួរទាំងនេះដើម្បីនិយាយអំពីសៀវភៅនេះជាមួយគ្រួសារ មិត្តភក្ដិ និងគ្រូរបស់អ្នក។

តើអ្នកបានរៀនអ្វីខ្លះពីសៀវភៅនេះ?

ពិពណ៌នាសៀវភៅនេះក្នុងមួយពាក្យ។ កំប្លែង? គួរឱ្យខ្លាច? ចម្រុះពណ៌? គួរឱ្យចាប់អារម្មណ៍?

តើសៀវភៅនេះធ្វើឱ្យអ្នកមាន អារម្មណ៍យ៉ាងណាពេលអានចប់?

តើមួយណាជាផ្នែកដែលអ្នកចូលចិត្ត ជាងគេនៃសៀវភៅនេះ?

ទាញយកកម្មវិធីអ្នកអានរបស់យើង។
getlibraryforall.org

អំពីអ្នករួមចំណែក

បណ្ណាល័យសម្រាប់ទាំងអស់គ្នា ធ្វើការជាមួយអ្នកនិពន្ធ និងអ្នកគំនូរមកពីជុំវិញពិភពលោក ដើម្បីបង្កើតរឿងប្លែកៗ ពាក់ព័ន្ធ និងគុណភាពខ្ពស់សម្រាប់អ្នកអានវ័យក្មេង។

សូមចូលមើលគេហទំព័រ libraryforall.org សម្រាប់ព័ត៌មាន ចុងក្រោយបំផុតអំពីព្រឹត្តិការណ៍សិក្ខាសាលារបស់អ្នកនិពន្ធ គោលការណ៍ណែនាំការដាក់ស្នើ និងឱកាសថ្មីប្រឌិតផ្សេងទៀត។

តើអ្នកចូលចិត្តសៀវភៅនេះទេ?

យើងមានរឿងដើមដែលរៀបចំដោយអ្នកជំនាញរាប់រយ រឿងទៀតដើម្បីជ្រើសរើស។

យើងធ្វើការក្នុងភាពជាដៃគូជាមួយអ្នកនិពន្ធ អ្នកអប់រំ ទីប្រឹក្សាវប្បធម៌ រដ្ឋាភិបាល និង NGOs ដើម្បីនាំមកនូវ សេចក្តីរីករាយនៃការអានដល់កុមារគ្រប់ទីកន្លែង។

តើអ្នកដឹងទេ?

យើងបង្កើតផលប៉ះពាល់ជាសាកលក្នុងវិស័យទាំងនេះ ដោយប្រកាន់យកគោលដៅអភិវឌ្ឍន៍ប្រកបដោយចីរភាព របស់អង្គការសហប្រជាជាតិ។

libraryforall.org